애벌레가
세상의 끝 ——— 은 아니다

JIBUN DE ARITSUZUKERU TAMENI

Copyright © 2006 by Hiroshi TASAKA
All rights reserved.
First original Japanese edition published by PHP Institute, Inc., Japan.
Korean translation rights arranged with PHP Institute, Inc.
through EntersKorea Co.,Ltd.

이 책의 한국어판 저작권은 (주)엔터스코리아를 통해 저작권자와 독점 계약한 글로벌브릿지에 있습니다. 저작권법에 의하여 한국 내에서 보호를 받는 저작물이므로 무단전재와 무단복제를 금합니다.

· 떠밀려 흘러가지 않고 지금 이 순간을 살아가기 위한 50편의 메시지 ·

애벌레가
세상의 끝 ——— 은 아니다

다사카 히로시 지음
김윤희 옮김

글로벌 브릿지

애벌레가 세상의 끝은 아니다

1판 1쇄 인쇄 2025년 11월 26일
1판 1쇄 발행 2025년 12월 8일

지은이 다사카 히로시
옮긴이 김윤희

펴낸이 전희경
펴낸곳 (주)글로벌브릿지
주소 경기도 남양주시 조안면 다산로 362번길 19-12
출판등록 2019년 6월 5일 제399-251002019000016호
이메일 ganibook@naver.com
전화 031-516-6133

ISBN 979-11-976129-3-0 (03830)

- 이 책 내용의 사용하려면 반드시 저작권자와 글로벌브릿지 양측의 동의를 받아야 합니다.
- 잘못 만들어진 책은 구입하신 서점에서 교환해 드립니다.

프롤로그

내 안의 음성

지금 당신은
왜 이 책을 열었습니까?

지금 당신은
고민과 혼란 속에 빠져 있을지도 모르겠습니다.
혹 고통과 괴로움으로 신음하고 있지 않습니까?
슬픔과 외로움으로 몸부림치지는 않습니까?

만약 그렇다면
당신에게
진심을 다해 꼭 전하고픈 말이 하나 있습니다.

**지금 당신은
가장 멋지고 소중한 인생의 한순간을
살아가고 있습니다.**

진심을 다해,
그래요, 꼭 이 말을 들려주고 싶습니다.

왜 내 안에서 이런 마음이 생기는 걸까요?

고민과 혼란 속에서 허우적거릴 때
고통과 괴로움으로 비틀거릴 때
슬픔과 외로움으로 신음할 때

오직 그 순간에 이르렀을 때
우리는 만날 수 있기 때문입니다.
우리 자신을 발견할 수 있게 해주는
굉장한 그 무엇인가를 말입니다.

어엿한 인간으로서 성장해 가는 것.

지금 당신은
그토록 멋지고 아름다운 성장을 향한
시간의 어느 한곳에 서 있습니다.
물론 그 순간을 위해
당신이 꼭 해야 할 일이 있답니다.

내면의 목소리에 귀를 기울이세요.

당신의 마음 깊은 곳에 자리한
또 하나의 당신이 들려주는 음성에
가만히 귀를 기울여보세요.
이 책이 존재하는 이유도 바로 여기에 있습니다.

문득 당신의 눈길이 머문 글귀가 있다면
조용히 읊조리며 감상해 보세요.

그 메시지의 여운 속에
가슴을 울리는 말이 단 하나라도 있다면
그 말이 바로 지금 당신에게
절실하게 필요한 그 무엇입니다.

여운이 울리는 그 말은
이 책이 말하려는 메시지가 아닙니다.
그것은 당신의 마음 깊은 곳에서

또 하나의 당신이 들려주는 메시지랍니다.
그 목소리를 소중한 벗 삼아 동행하세요.

**그때야 비로소 당신은
진정한 '나'로 살아갈 수 있습니다.**

당신의 존재라고는 전혀 찾을 수 없는 삶을
그저 그렇게 살아버리고 싶지 않다면

**내면의 목소리에
항상 귀를 기울이세요.**

―다사카 히로시

목차

프롤로그　내 안의 음성 ― 5

- 파리에 유명한 화가가 많은 이유 ― 15
- 젊은 날의 신념 ― 17
- 분명한 기준 ― 20
- 사과나무를 심는 각오 ― 22
- 두 명의 석공 ― 24
- 창조성에 관한 과오 ― 26
- 생명과 논리 ― 29
- 나만이 아는 목표 ― 31
- 노화에 관한 잘못된 생각 ― 33
- 하늘이 내린 선물 ― 35
- 납덩이 운동화 ― 38
- 각오가 선사하는 행운 ― 41

- 천재 과학자 에디슨의 노력 ― 43
- 위기는 곧 기회 ― 45
- 제약 속에서의 자기표현 ― 47
- 가장 엄격한 관중 ― 49
- 완벽주의자 ― 51
- 외눈박이 나라의 비극 ― 53
- 인생의 갈림길 ― 55
- 혐오의 정체 ― 57
- 진정한 실력자 ― 59
- 인생의 성공을 정의하다 ― 61
- 제임스 딘의 꿈 ― 63
- 꿈을 이룬다는 것의 의미 ― 65
- 좌절이라는 보약 ― 67
- 인생의 마지막 날 ― 70
- 내려놓지 못한 것 ― 72

- 정해지지 않은 미래 ― 74
- 지네의 다리 ― 77
- 의욕에 대한 새로운 정의 ― 79
- 노블레스 오블리주의 진화 ― 81
- 작은 움직임을 일으키는 용기 ― 83
- 기억과 기록 ― 86
- 어느 종군 사진작가의 마음 ― 88
- 기적의 한순간 ― 90
- 진짜 상품 ― 92
- 능숙하게 넘어지기 ― 94
- 정원 모퉁이의 돌처럼 ― 96
- 어울림의 의미 ― 98
- 진정한 대화 ― 100
- 불행한 만남 ― 102
- 해답 없는 물음 ― 104

- 오류와 직관 ― 106
- 고요하고 맑은 마음 ― 108
- 풍경의 여운 ― 110
- 부동심 ― 112
- 푸르른 하늘을 ― 115
- 생의 마지막 ― 117
- 희망의 의미 ― 120
- 사흘만 볼 수 있다면 ― 123

에필로그 머나먼 저편에서의 목소리 ― 125

진정한 '나'로
살기 위해서는

세상 따위
어떻게 돌아가는지
걱정하지 마세요.

다만, 내가
어떻게 살아야 할지
고민하세요.

파리에 유명한 화가가 많은 이유

오래전에
한 유명 화가에게 물었습니다.
"파리에는 왜 유명한 화가들이 많은가요?"

속으로 그의 대답을 짐작해 봤습니다.
'파리에는 우수한 미술학교가 많거든요.'

그런데 이 생각은 완전히 빗나갔습니다.

화가는 잔잔한 미소를 띠며 이렇게 대답했습니다.
"파리에는 진짜 그림이 많기 때문이지요."

일상에서 항상 고귀한 그림들을 바라보니
화가들도 모르는 사이
그 그림과 자기 꿈의 눈높이가 같아졌기 때문입니다.

무의식중에라도 늘 예술 작품을 접해야
최고의 예술가가 될 수 있습니다.

문득 이렇게 자문해 봅니다.

과연 나는 '진짜 그림'을 보고 있을까?

뭉클한 감정이 올라옵니다.

젊은 날의 신념

〈트레이닝 데이Training Day〉로
아카데미 남우주연상을 수상한
흑인 배우, 덴절 워싱턴Denzel Washington은
배우로서 첫발을 내딛기 시작할 무렵
다짐 하나를 했습니다.

'흑인에 대한 잘못된 고정관념과 편견을
깰 수 있는 영화에만 출연하겠어.'

고집이 아니라 신념이었습니다.
그러던 어느 날,
덴절 워싱턴은 자신의 신념을 지키기 위해
제의받은 영화에 출연 거부 의사를 밝혔습니다.
그러자 아무도 그에게 일을 주지 않았습니다.

덴절 워싱턴은 고민에 빠졌습니다.
선배 영화배우인 시드니 포이티어Sidney Poitier를 찾아가
속내를 털어놓았습니다.

이미 〈들백합Lilies Of The Field〉으로
아카데미 남우주연상을 수상했던 포이티어는
말없이 그의 고민을 듣고 있다가 이렇게 말했습니다.

"무얼 고민하나,
자네는 지금 옳은 길을 가고 있는 거야."

"지금 자네의 신념이
앞으로 자네의 인생을 결정할 테니까 말이야."

작가들도 마찬가지입니다.
젊은 시절에 가졌던 작품에 대한 신념이
그의 생애를 좌우합니다.

물론 그들 역시 갈등 속에서 두려워하겠지요.
그러나 그들의 고독한 신념에 찬사를 보냅니다.

왜냐하면

사람들은 늘
시간이 흐르고 난 뒤에야
뒤돌아보며 후회하니까요.

분명한 기준

영화 〈언터처블Untouchabl〉로
아카데미상 남우조연상을 수상한 배우
숀 코네리Sean Connery는 한 질문을 받았습니다

"당신 인생에 반전이 일어난 극적인 동기가 있습니까?"

그는 이렇게 답했습니다.

"정해진 길을 그저 묵묵히 따라 걷기만 하는 것은
바보 같은 짓이기 때문이죠."

그가 이 말을 한 것은
세계적으로 큰 인기를 누리던 액션 영화
〈007〉 시리즈의 주인공 제임스 본드 역을 포기하고
오직 연기파 배우의 길을 가리라 다짐했을 때였습니다.

눈부신 성공이 보장된 달콤한 제의를 거절하고
미지의 자신을 향해 새로운 도전을 결심한

그가 남긴 메시지입니다.

이는 숀 코네리 자신의 '인생 미학'이었습니다.
아울러 프로의 길을 걸어가는 모든 이에게
소중한 가르침을 전해 주는 말입니다.

정해진 길만 따라갈 것인가?
아니면 새롭게 도전할 것인가?

이 분명한 기준에 대한 선택은 당신의 몫입니다.

사과나무를 심는 각오

대학 시절에 친한 친구들과 함께
'인류 문명의 미래'에 관해 토론한 적이 있습니다.
그때 물리학도인 한 친구가 사색에 잠긴 채 말했습니다.

"물리학의 엔트로피 법칙에 따르면
이 우주는 말이야, 지속해서 증가하는 무질서 탓에
끝내 세상의 모든 것이 평형 상태에 도달하는 그 순간
'열사망Heat Death'이란 비극적인 종말을 맞이해.
이런 마당에 지금 인류 문명의 미래를 논하자는 거야?"

그러자 천문학도인 녀석이
맞장구를 쳤습니다.

"맞아! 정말 그럴지도 몰라.
몇십억 년쯤 지나면
어차피 이 지구도 적색거성에 삼켜질 테니까.
맹렬히 팽창하는 태양 속으로 빨려 들어가
끝내 이 우주에서 사라져 버리겠지."

그때 친구들과 나누었던 이야기들을 떠올리다 보니
피식 웃음이 났습니다.
그러다가 문득 가슴 한구석이 허무했습니다.

화살처럼 눈 깜짝할 사이에 지나가 버린 세월 속에서
희망의 빛줄기와 같은 음성을 들었습니다.

"내일 지구의 종말이 온다고 해도
나는 한 그루의 사과나무를 심으리라."

마틴 루서 Martin Luther의 이 메시지는
우리에게 깊은 가르침을 줍니다.

세상이 어떻게 돌아가는가를 걱정하지 말고
자기 자신이 어떻게 살아갈지를 고민하는
그 튼튼하고 야무진 마음을 가지라고 일러줍니다.

두 명의 석공

한 나그네가 낯선 마을을 지나가고 있었습니다.
때마침 그곳은 교회 신축 공사가 한창이었고
건설 현장에는 석공 둘이 열심히 일하고 있었습니다.

석공들의 작업을 흥미롭게 지켜보던 나그네가
한 사람에게 물었습니다.

"지금 무얼 하고 있습니까?"

이 말을 들은 석공은
불쾌한 표정을 지으며 퉁명스럽게 대답했습니다.

"당신 눈에는 이 돌덩이를 깨려고
악전고투하는 내 꼴이 안 보이나 보지?"

머쓱해진 나그네는
멀찌감치 떨어져 일하는
다른 석공에게 같은 질문을 던졌습니다.

그러자 그는
가슴 벅찬 표정으로 이렇게 말했습니다.

"저는 지금 갈 곳 없는 심령들이 쉴 수 있는
안식처가 될 교회를 짓고 있답니다."

혹 당신은 지금 당신이 하는 일이
가치가 없다고 생각하나요?
중요한 것은 어떤 일을 하느냐가 아닙니다.

중요한 것은
'지금 하는 일의 진정한 의미를 알고 있는가'
입니다.

바로 그것이 '일의 진정한 가치'를 가름하는 척도입니다.

창조성에 관한 과오

한 찻집에서
대학생 두 명이 진지하게 토론을 벌였습니다.

미대생 같아 보이는 그들의 주제는 이것이었습니다.

'어떻게 하면 창조성을 기를 수 있을까?'

"창조성이 뛰어난 작품을 많이 감상해야지."
"순수한 마음으로 자연을 대하며
있는 그대로의 모습을 바라볼 줄 아는 힘을 길러야 해."

훌륭한 화가를 꿈꾸었던 두 사람은
창조성을 기르고 싶다는 열정이 넘쳤습니다.
그리고 겸허하고 진지하게 이야기를 주고받았습니다.

그런데 그들의 이야기를 듣고 있노라니
문득 궁금증이 일었습니다.

'세기적인 천재 화가 피카소도
창조성에 대해 고민했을까?'

어쩌면 그에게는
'창조성'이란 단어조차 없지 않았을까요?

그렇다면
그의 작품을 감상하는 사람들이 느끼는
'창조성'이란 과연 무엇일까요?

창조성은
피카소가 온 열정과 마음을 다해
자신을 표현함으로써
자연스럽게 표출된 '결과'에 불과합니다.

그렇습니다.

우리는 곧잘

'결과'에 불과한 것을
'목적'으로 잘못 생각하는
오류를 저지릅니다.

생명과 논리

어린 시절 학교 과학실험실에서
물고기를 해부한 적이 있습니다.

팔딱거리는 물고기를 칼로 갈라서
뼈와 내장, 신경과 혈관 등을 하나하나 살펴보며
구조를 아주 자세히 관찰했습니다.

그런데 해부를 끝냈을 때
왠지 허전한 마음이 들었습니다.

물론 예리한 칼로 갈라서
자세히 관찰한 덕분에
물고기에 관한 지식은 얻을 수 있었으나
살아 숨 쉬는 생명 하나를 잃었다는
상실감 때문이었습니다.

어른이 되어 그때 일을 되돌아보니
우리가 일상에서 아무렇게나 사용하는

'논리' 또한 '칼'이 아니까 하는 생각이 들었습니다.

논리는 지식을 얻기 위한 도구입니다.
그러나 또 한편으로,

논리는 생명력이 넘치는 감성을 도려내 버리는
차디찬 칼이기도 합니다.

나만이 아는 목표

프로야구 시즌 '연간 최다 안타 262개'라는
전대미문의 기록을 달성한 이치로 선수가
인터뷰에서 이런 질문을 받았습니다.

"올 시즌에는 최다 안타라는 대기록을 세우셨는데요,
다음 목표는 무엇입니까?"

사람들은 응당 이런 답을 예상했습니다.
"연간 타율 4할대 진입입니다."

그러나 이치로 선수는
잔잔히 미소를 지으며 이렇게 대답했습니다.

"글쎄요······
제 목표는 야구를 좀 더 잘하는 겁니다.

그건 단순히 숫자로 나타낼 수 없어요.
오직 나 자신만이 알 수 있죠."

이는 프로의 길을 걷고 있는 사람들에게
중요한 메시지를 전해 줍니다.

이상형.
당신 자신이 꿈꾸는 가장 이상적인 모습.

이치로 선수의 메시지는
숫자로 나타나는 목표를 달성하여
사람들에게서 높은 평가를 받는 것이
단순한 결과에 불과하다는 사실을 깨닫게 합니다.

아울러
마음으로 이상형을 그린다는 것이
얼마나 소중한 일인가를
깨우쳐줍니다.

노화에 관한 잘못된 생각

세계적인 첼로 연주자 미샤 마이스키Mischa Maisky가
아이들 대상의 TV 프로그램에서
음악을 가르칠 때였습니다.

어느 날 마이스키가 아이들에게 퀴즈를 냈습니다.
"아저씨가 바흐의 무반주 첼로 연주곡을 세 번 들려줄게.
그중에서 젊은 음악가의 연주와
나이 많은 음악가의 연주를 가려내 보렴."

결론부터 말하면
모두가 그 퀴즈의 정답을 알고는
놀라움을 금치 못했습니다.

아이들이 나이 많은 음악가의 연주라고 고른 쪽이
사실 마이스키가 청년 시절에 연주했던 것이었습니다.

젊은 음악가의 연주로 고른 쪽은
가장 최근에 마이스키가 연주한 것이었습니다.

청년 시절로부터 몇십 년이 지난 뒤에 한 연주했지요.

이 연주는 평안하면서도 경쾌한 느낌을 줍니다.
또한 생기가 넘치는 젊은 영혼을 느끼게 해줍니다.
소련에 억류되어 있으면서
인고의 세월을 견뎌온 노장 마이스키의 연주였습니다.

이제 그의 연주를 듣는 사람들은
'나이를 먹으면 영혼과 정신도 함께 늙어버린다'는 말이
잘못된 생각임을 알고 있습니다.

오히려

기나긴 세월을 살면서
희로애락의 바다를 항해할수록
우리네 정신은
더 젊고 생생해진다는 깨달음을 얻었습니다.

하늘이 내린 선물

〈미지와의 조우 Close Encounters Of The Third Kind〉와
〈E.T. E.T. The Extra-Terrestria〉 등의 작품으로
널리 알려진 영화계의 거장
스티븐 스필버그 Steven Spielberg 감독 이야기입니다.

그는 새로운 작품을 만들기 전에
꼭 감상하는 영화가 한 편 있습니다.

바로 그가 존경하는
데이비드 린 David Lean 감독의
〈아라비아의 로렌스 Lawrence of Arabia〉입니다.

이 영화는 1988년에 완전판이 제작되었고
스필버그도 참여했습니다.

스필버그는 린과 함께 시사회장을 찾았습니다.
그때 린이 스필버그 옆에 앉아
영화를 찍으면서 겪었던 에피소드를

하나하나 자세히 들려주었다고 합니다.

그 후로 스필버그는 린의 팬이 되었습니다.
〈아라비아의 로렌스〉를 볼 때면
무척 행복했다고 합니다.
린이 들려준 이야기들을 새록새록 떠올리면서요.

이미 영화계의 거장으로 우뚝 선 스필버그였으나
그 영화를 보는 순간만큼은
자신의 지위를 사실을 까맣게 잊은 듯합니다.

방실방실 웃고 있는 그의 얼굴을 보노라면
사람들의 마음에 따스한 등불을 밝혀주는
그의 영화, 그의 재능이
어디에서 왔는지 알 수 있습니다.

천진난만함.

그것은 하늘이 우리에게 내려준

선물이 아닐까요?

납덩이 운동화

스탠리 매슈스Stanley Matthews는
영국 축구계 최초로 여왕에게서 기사 작위를 받았으며
유럽 골든볼 초대 수상자로 영원히 기억될 선수입니다.
그 비결은 무엇이었을까요?

비결은 바로 '납덩이 운동화'입니다.
발목 힘을 강화하기 위해
그는 무거운 납덩이가 달린 운동화를 신고
하루종일 생활했습니다.

그 누구도 흉내 낼 수 없는
매직 드리블을 구사할 수 있었던 것도
이 납덩이 운동화 덕분입니다.
납덩이 운동화를 신고 생활하다가
축구화로 갈아 신었을 때
마치 발에 날개라도 돋친 듯 발걸음이 가벼워졌겠지요.

매슈스의 이야기는

오늘날 직장인들에게
강렬한 격려의 메시지를 전합니다.

수많은 직장인들이
'납덩이 운동화'를 신고 하루하루 살아갑니다.

복잡하고 과중한 조직 체계,
구태의연한 문화,
자기 몸 사리기에만 급급해
과감하게 결단을 내리지 못하는 상사,
적정량을 무시한 책임할당제에 허덕이는 직원들.

이토록 육중한 삶의 무게를 짊어진 채
직장인들은 하루하루 악전고투합니다.

때로는 도망가고픈 마음을 다스리려고
하늘을 올려다봅니다.
때로는 자신을 위로하려고 나직이 기도합니다.

포기하지 않으려고
험난한 진흙탕을 묵묵히 헤쳐 갑니다.

그러다가 어느 날 진짜 시합을 할 때를 맞습니다.
그제야 우리는 깨닫습니다.

이를 물고서 악전고투해온 나날이
매슈스의 납덩이 운동화처럼
자신을 단련시켜 주었다는 사실을 말입니다.

그날이 오면 우리는
온 생애를 걸고 이루어야 할 목표를 향해
힘차게 날아오를 수 있습니다.

각오가 선사하는 행운

1998년 프랑스 월드컵 본선 진출을 놓고 벌어진
아시아 지역 예선은 유난히도 치열했습니다.
오카다 다케시 岡田武史 감독은
단 한 장 남은 본선 티켓을 놓고
필사적으로 경기를 펼쳐야 했던 극한의 상황에서
기적적으로 승리를 거두고
일본 축구팀을 세계 무대에 입성시켰습니다.

J리그 감독이던 시절에 그는
누가 봐도 명백한 심판의 오심으로
고배를 마신 적이 있습니다.

경기가 끝난 뒤
인터뷰에서 오심에 대한 질문을 받았을 때
그는 결코 흥분하거나 분노에 떨지 않았습니다.
오히려 담담히 그러나 결연한 표정으로 대답했습니다.

"심판도 인간인데

실수할 수 있지요.
우리는 그것까지도 극복해서
승리를 거둬야 합니다."

그의 이야기를 들으니
인생에 관한 한마디 말이 떠오릅니다.

"운도 실력이다."

오카다 감독에게 이 말은
한낱 변명이나 위로의 변이 아니었습니다.

이 말을 되뇌며 각오를 새롭게 다지는 이들에게는
행운도 따르지 않을까요?

_____ 천재 과학자 에디슨의 노력

"천재는
99퍼센트의 노력과
1퍼센트의 영감으로 만들어진다."

많은 사람이 잘 알고 있는 이 말은
천재 발명가 토머스 에디슨Thomas Alva Edison의 말입니다.

에디슨의 부단히 노력한 사람입니다.
이를 잘 보여주는 에피소드가 있습니다.

축전지를 개발하는 데 몰두했을 때의 일입니다.
에디슨은 이에 꼭 필요한
최적의 전극재와 전해용액을 혼합하는 실험을
무려 9000번이 넘도록 했습니다.
그러나 번번이 실패했습니다.

이때 에디슨이 한 말이 우리에게 큰 귀감이 됩니다.

"이번 연구에서 놀라운 성과를 올렸습니다.
실패하는 방법을 수천 가지나 알게 됐거든요.
정말 대단하죠?"

이제 그가 말하는 '99퍼센트의 노력'이
무엇인지를 알 수 있습니다.

노력이란
많은 실패를 연거푸 맛보더라도
끊임없이 자신을 격려하는 것입니다.

'1퍼센트의 영감'이란
99퍼센트의 노력을 위한 '윤활유'가 아니었을까요?

위기는 곧 기회

어느 날,
경기를 끝낸 이치로 선수가 했던 이야기입니다.
한 투수와의 대결에서 패배한 뒤였지요.
그 투수는 연타석 무안타 행진 중이었습니다.

인터뷰에서 이치로 선수는 이런 질문을 받았습니다.
"상대하기가 힘든 투수였나요?"

이치로 선수는 이렇게 답했습니다.
"그보다는 훌륭한 투수라고 말하고 싶군요.

그는 저의 가능성을 끌어낼 수 있는
훌륭한 투수입니다.

저 역시 그의 가능성을 끌어낼 수 있는
멋진 타자가 되고 싶습니다."

그의 메시지에서 새로운 각오가 느껴지십니까?

그렇습니다, 위기는 곧 기회입니다.
그의 짧은 메시지에서 이토록 강렬한 울림이 들립니다.

위기를 기회로 삼아
긍정적이고 다부진 각오를 할 때
우리네 인생 풍경이 달라진다는 사실을 배웁니다.

제약 속에서의 자기표현

1950, 60년대에 신시사이저synthesizer가 등장했을 때,
혁신적인 이 전자악기로 음악의 새로운 지평을 열었던
도미타 이사오富田勳가 말했습니다.

"'소리 팔레트'라고 부를 수 있는 신시사이저를 통해
우리 음악가들도 원하는 소리를
자유로이 만들 수 있게 되었다.
화가가 물감을 섞으며 원하는 색을 만들어내는 것처럼."

도미타 이사오는
신시사이저로 다양한 소리를 창조해 냈으며
구스타브 홀스트의 관현악곡인
〈행성The Planets〉 등을 멋지게 소화했습니다.

그의 멋진 작품들을 감상하면서
가슴 깊이 감동합니다.
그런데 또 한편으론 이런 생각이 듭니다.

신시사이저 덕분에 어느 정도 자유로이
소리를 만들 수 있게 된 것은 사실이지만,
그렇다고 우리에게 친숙한 피아노 혹은 바이올린 같은
악기가 사라지지는 않습니다.

좀 더 곰곰이 생각해 보니
더욱 중요한 깨달음을 얻을 수 있었습니다.

예술의 본질은 '제약' 속에서 이뤄지는
자기표현에 있다는 사실을 말입니다.

그렇다면 제약으로 가득해 보이는 우리네 인생도
한 편의 예술이 아닐까요?

가장 엄격한 관중

프로 골프계의 황제 잭 니클라우스Jack Nicklaus는
자서전에서 이렇게 회고합니다.

"세계적인 프로 골퍼가 되었을 때
아버지께서 이런 충고를 하셨다.

'관중이 설령 세 명밖에 없다고 해도
전심전력을 다해 경기에 임해야 한다.'

나는 필드에 설 때마다 항상 아버지의 말씀을 되새긴다."

그런데 그 아버지의 충고는 어쩐지
그와 어울리지 않는단 생각이 듭니다.

왜냐하면 니클라우스는
단 한 명의 관중이 없는 필드에서도
혼신의 힘을 다했을 테니까요.

그에게는 가장 엄격한 관중이 있었기 때문입니다.
그것은 바로 자기 자신이었습니다.

우리도 문득
그 존재를 느낍니다.

그 관중을 의식할 때야 비로소
프로의 길로 한 걸음을 내딛게 됩니다.

완벽주의자

영화 〈타이타닉Titanic〉으로
아카데미 시상식에서 열한 개 부문을 휩쓴
제임스 카메론James Cameron 감독은
완벽주의자로 유명합니다.

배우의 몸짓 하나 표정 하나 섬세하게 연기 지도를 하고
각종 소품 제작에 세트 배치
그리고 편집에까지 심혈을 기울입니다.
그야말로 혼신을 다해 완벽을 기합니다.

분야를 막론하고 완벽주의자들은
카메론의 모습을 하고 있을 테지요.

그런데 여기서 우리가 주의해야 할 점이 있습니다.
완벽주의자란
사사건건 일일이 참견하고 관여하는 사람이라고
오해를 해서는 안 됩니다.

일거수일투족 참견하고 꼬투리를 잡는 사람이
완벽주의자라면 세상에 남아날 완벽주의자는 없습니다.
몸과 마음이 견뎌내지 못할 테니까요.

완벽주의자란
정확한 판단력과 분별력을 갖추고
전체를 조망하는 사람입니다.

외눈박이 나라의 비극

한 나그네가 여행 중에 길을 잃고 헤매다가
이상한 나라로 접어들었습니다.

그곳은 외눈박이 사람들이 사는 나라였습니다.

그 나라에는 나그네처럼 눈이 둘인 사람은
아무도 없었습니다.

처음에 나그네는 그들의 괴상망측한 몰골을 보고
소스라치게 놀랐습니다.

그러나 하루 이틀 그곳에서 지내는 동안
나그네는 점점 외로워졌습니다.

급기야 눈이 두 개인 자신이 오히려
이상한 사람이라는 생각이 들었습니다.

너무도 외로웠던 나그네는 결국

자신의 한쪽 눈을 찔러
외눈박이가 되고 말았습니다.

이 나그네의 비극은 결코
환상 속 나라의 이야기가 아닙니다.

때때로 우리 역시 나그네처럼
자신의 한쪽 눈을 찔러버릴까 하는
생각에 사로잡힙니다.

자기만의 색깔로 살아가기 위해
견뎌야 하는 고독 때문이지요.

혹시 그 고독이 너무 힘겨워
자기 자신임을 포기하고 싶을 때가 있지는 않습니까?

인생의 갈림길

인생의 갈림길이란 무엇일까요?

여기 그에 대한 해답을 가르쳐주는
이야기가 있습니다.

한 남자가 해외로 출장을 가서
운전을 하다가 한순간의 부주의로 그만
큰 사고를 당했습니다.

다행히 신속하게 병원으로 옮겨져 대수술을 받아
구사일생으로 목숨은 구했습니다만,
왼쪽 다리를 절단해야 하는 운명에 처하고 말았습니다.

의식이 돌아왔을 때 왼쪽 다리가 없어진 사실을 알고서
남자는 몸부림치며 울부짖었습니다.
한순간에 완전히 바뀐 자신의 인생을 보면서 말이지요.

그런데 사고 소식을 듣고 한걸음에 달려온 아내가

남편을 끌어안으면 이렇게 말했겠습니다.

"여보, 살아 있어줘서 고마워요!
게다가 오른쪽 다리는
절단하지 않아도 된다고 하니 얼마나 다행이에요!"

소중한 메시지가 들리십니까?

우리네 인생에서 갈림길이란 무엇일까요?
어떤 일이 벌어졌는가,
벌어진 일을 어떻게 해석하고 받아들일 것인가.
이 갈림길에서 당신은 어떤 길을 선택하겠습니까?

혐오의 정체

젊은 시절에 한 기업체에 입사해
신입 사원 연수를 받았을 때입니다.

거의 막바지에 다다랐을 무렵에
인사부장이 말했습니다.

"부서를 배치받으면
부서원들을 한번 둘러보세요.

그중에서 자신이 혐오할 것 같은 사람을 찾으세요.
그리고 그를 계속 지켜보세요.
그런 다음에는
그 사람을 좋아할 수 있도록 노력해 보세요."

십수 년의 세월이 지난 지금
인사부장의 말을 떠올려보니
실로 깊은 뜻이 담겨 있었음을 깨달았습니다.

오랜 세월이 지난 지금
돌이켜 볼 때

그분은 혈기왕성하고 미숙하기 짝이 없는 한 청년에게
소중한 가르침을 주려고 한 것 같습니다.

이제야 비로소 고마움을 느낍니다.

"자신을 돌아보고 살피며 반성하라."

그 격려의 목소리가 들려옵니다.

자신을 돌아보고 살피며 반성할 때
우리는 진정한 실력자가 될 수 있으니까요.

인생의 성공을 정의하다

미국의 초등학교에서는
아이들에게 반드시 일러주는 말이 있습니다.

"자신의 성공을 정의하라."

내가 생각하는 성공의 기준이 아니라
사회 통념적인 성공의 기준만을 따르고
무조건 성공해야 한다며 아등바등했던
지난 시절을 돌아봅니다.

아무런 의식도 없이 인생을 선택해 버린 셈이지요.

물론 또 한편으로 우리는
자신의 성공을 정의해 보려고 해도
진정 원하는 것이 무엇인지를 몰라
발을 동동 구를 수밖에 없는 서글픈 현실을
살아가고 있기도 합니다.

미국의 초등학교 교육이 추구하는 명제는
바로 이것입니다.

"너만의 개성을 발견하라."

모든 것은 자기 자신에게서 비롯합니다.
오늘 자신이 진정 원하는 성공을 정의해 보십시오.

제임스 딘의 꿈

제임스 딘James Dean은 〈에덴의 동쪽East of Eden〉,
〈이유 없는 반항Rebel Without a Cause〉 등의 명화에서
사실적이며 카리스마 넘치는 연기로
전 세계 수많은 관객의 마음을 사로잡은 배우입니다.

그러나 〈자이언트Giant〉 촬영이 끝난 직후
불의의 교통사고로
스물네 살이란 나이에 세상을 떠나고 말았습니다.

그래서 사람들은 더욱 그를
'영원히 가슴에 남을 스타'로
기억하는지도 모르겠습니다.

제임스 딘이 고등학교 졸업문집에
자신의 장래 꿈에 관해 적어놓은 글귀를 보면
놀라움을 감출 수가 없습니다.

"내가 바라는 성공적인 인생이란

그들을 사랑스럽게 바라보던
골드버그가 다시 말을 이었습니다.

"**그렇다면**
여러분의 노력은 이미 보상받은 것 같군요."

그렇습니다.
꿈을 향해 달려가는 그 과정이 진실하다면
꿈의 결실 또한 정직하게 맺어지겠지요.

꿈을 이룬다는 것
이는 곧
꿈을 향해 진실한 땀방울을 흘리고 있다는 뜻입니다.

좌절이라는 보약

현역 시절에 오제키 大關까지 등극했던
한 선수가 있었습니다.

'오제키'란 스모 선수로서 최고를 뜻합니다.
그런데 그 선수는 무릎 부상을 당해
오랜 세월 모래판에 오를 수 없었습니다.

그 고난의 시간을 회고한 그의 이야기가 떠오릅니다.

"최고의 기량으로 승승장구해서 꽤 자만했던 나로서는
부상 탓에 더 이상 운동을 할 수 없다는 현실에
좌절할 수밖에 없었지요.

하지만 그 기나긴 인고의 세월을 보내며
참 많은 것을 배웠습니다.
좌절하지 않았으면 결코 배우지 못했을
삶의 진실을 말입니다."

이 선수의 말을 들으면
두 단어가 떠오릅니다.

'성공'과 '성장'.

좌절하고 악전고투하는 것은
성공을 향한 성장을 위해
꼭 섭취해야 할 보약입니다.

좌절이 있었기에
삶의 진실을 배웠고,
그 덕분에 지금의 내가 있다는 사실을
깨달았습니다.

성공을 그저 바라만 볼 것인가요?
성장하며 전진할 것인가요?

좌절을 통해 새롭게 각오를 다지면

어둡게 드리운 그림자는 물러가고
찬란한 빛이 비칠 것입니다.

인생의 마지막 날

우리가 선진 기업가들에게서 배워야 할 것은
그들의 신념입니다.

최초의 퍼스널 컴퓨터를 개발하고 매킨토시,
MP3 플레이어 아이팟과 스마트폰 아이폰으로
일대 혁명을 일으킨 애플 컴퓨터의 창업자인
스티브 잡스 Steve Jobs 의 이야기를 해볼까요?

그는 젊은 시절에
인생관을 다룬 동양 사상에 심취해
인도 여행을 하기도 했습니다.
실리콘밸리의 서점에 가면
정보 기술이나 경영 기법을 다룬 책들 옆에
동양 사상에 관한 책들이
잔뜩 쌓여 있는 것을 볼 수 있습니다.

스티브 잡스 역시 이런 책들을 독파했을 겁니다.
자신의 신념을 세우기 위해서 말이지요.

스탠퍼드 대학교에서 한 강연에서
스티브 잡스는 자신의 신념에 관해 말했습니다.

"열일곱 살 때 우연히 읽게 된 책에서
한 글귀를 읽고 큰 감명을 받았습니다.

'만약 오늘이 내 인생의 마지막 날이라면
나는 무엇을 할 것인가?'

그때부터 지금까지 나는 단 하루도 빠짐없이
거울을 들여다보며 이렇게 말합니다.
오늘이 인생의 마지막 날이란 생각으로
하루하루를 살아간다면
언제나 올바른 길로 나아갈 수 있을 거야."

내려놓지 못한 것

스승과 제자가 수행을 위해
산을 오르고 있었습니다.

한 계곡에 다다랐을 때
젊은 여자가 계곡을 앞에 두고
안절부절못하고 있었습니다.
물살이 너무 센 탓에 건너갈 엄두를 못 냈지요.

그 모습을 본 제자는
수행 중 여자에게 마음을 두어선 안 된다고 생각해
자기 혼자 계곡을 건넜습니다.

그런데 뒤를 돌아보니
스승이 여자를 업고 계곡을 건너는 게 아니겠습니까.
보드랍고 하얀 피부를 가진 젊은 여자를 말입니다.

거듭 머리를 조아리며
감사의 인사를 전하는 여자를 뒤로하고

스승과 제자는 다시 산을 올랐습니다.

정상에서 다시 내려와 아래에 도착했을 즈음
참다못해 제자가 물었습니다.

"스승님, 어찌 수행 중에 젊은 여자를 업을 수 있습니까?
절대 있을 수 없는 일입니다."

그러자 스승이 빙긋이 웃으며 말했습니다.

"저런, 너는 어찌하여
아직도 그 여인을 짊어지고 있는 게냐."

당신이 여전히 내려놓지 못한 채
낑낑대며 짊어지고 있는 것은 무엇입니까?
그것을 깨닫기까지 대체 산을 몇 번이나 넘어야 합니까?

정해지지 않은 미래

걸작 〈아라비아의 로렌스Lawrence of Arabia〉를 보면
피터 오툴Peter O'Toole이 분한
영국 정보국 소속의 장교 로렌스가
아라비아인 병사들을 거느리고
타들어 갈 듯한 사막을 건너는 장면이 나옵니다.

그때 지칠 대로 지친 병사 한 명이
그만 말에서 떨어져
사막에 혼자 남겨집니다.

로렌스는 부대가 사막을 다 건넜을 때야
비로소 그 사실을 알게 되었습니다.

그를 구하기 위해
홀로 뜨거운 사막을 향해 말을 돌립니다.
자신도 탈진 상태에 처했는데 말입니다.

그 순간 한 병사가 로렌스를 막아서며

이렇게 말합니다.

"그 병사가 사막에서 죽음을 거두는 건 숙명입니다.
코란에 이미 그렇게 씌어 있습니다."

그러나 로렌스는 들은 척도 않고 사막을 달려가
천신만고 끝에 병사를 구했습니다.

부대로 돌아온 로렌스가
기력이 다해 정신을 잃기 전
나지막이 그러나 강한 어조로 말했습니다.

"아무것도 씌어 있지 않아."

그렇습니다.
우리가 가야 할 미래에는 아직
아무것도 씌어 있지 않습니다.

그런데도 이런 사실을 외면한 채
미래를 불안해하시겠습니까?

지네의 다리

지네를 한자로 백족百足이라고 합니다.
이름만큼 다리가 많은 벌레의 슬픈 이야기입니다.

어느 무더운 여름날,
지네 한 마리가 열심히 걷고 있었습니다.
그때 지나가던 개미가 말했습니다.

"이렇게 더운 날에
그 많은 다리를 움직이려면
정말 힘들겠다. 쯧쯧쯧."

그 순간 지네는 우울해졌습니다.

'그래, 맞아.
난 왜 이렇게 많은 다리를 갖고 태어난 걸까?'

지금껏 단 한 번도 그런 생각을 해본 적이 없었습니다.
오히려 그 많은 다리가 한 번도 얽히지 않고

질서정연하게 움직이는 것이 신비로울 따름이었지요.

그 후로 지네는 더 이상 움직일 수가 없었습니다.

이 지네의 모습이 흡사 우리와 같지는 않습니까?
혹시 당신은 자의식 과잉으로
진정한 자아를 마비시키고 있지는 않습니까?

의욕에 대한 새로운 정의

몇 년 전인가,
벤처 비즈니스에 관한 심포지엄에 참석했습니다.

'일본에는 왜 벤처기업이 없는가?'

이런 주제로 토론이 진행되는 가운데
한 경영자가 열띤 어조로 말했습니다.

"일본은 배가 고파져야 합니다.
안 그러면 일본 벤처기업은 먼 나라 이야기일 뿐이죠."

그의 말에 많은 참가자들이 고개를 끄덕였습니다.

그들을 보면서 문득 이런 생각이 들더군요.

'반세기가 넘도록 전쟁 없는 평화로운 시대를 이어가며
세계 제2위의 경제 강국이란 지위에 우뚝 선 나라,
최첨단 과학기술을 누리며

고령화 사회가 되레 문제로 떠오를 만큼
건강과 장수의 혜택을 받은 나라,
국민 대다수가 고학력 대열에 선 나라,

세계적으로 그 유례를 찾을 수 없을 정도로
다방면에서 풍족함을 향유하고 있는 나라에서
국민을 능동적으로 사고하고 움직이게 하는 방법이
과연 배를 곯는 것밖에 없단 말인가?'

그리고 중요한 사실을 깨달았습니다.

우리가 생각하는 의욕에는 두 가지가 있습니다.
첫째, 결핍으로 인한 불가피한 의욕.
둘째, 감사에서 우러나오는 생산적이고 창조적인 의욕.

우리는 '감사에서 우러나오는
생산적이고 창조적인 의욕'으로
새로운 사업을 도모하는 세대를 열어야 합니다.

노블레스 오블리주의 진화

노블레스 오블리주noblesse oblige라는 말을 아십니까?
이는 '고귀한 이가 자각하는 의무'라는 뜻입니다.

"고귀한 신분으로 태어난 사람에게는
다른 이들을 위해 봉사하고 헌신할 의무가 있다."

이런 사상이 담긴 말이지요.

이를 소중히 여겨온 영국은
제1차 세계대전에서 귀족 출신의 하사관 사망률이
다른 부류에 비해 월등히 높았다고 합니다.

물론 그들에 대해 가슴 깊이 경의를 표합니다.
그런데 그 사상이 귀족이라는
특별하고도 극히 소수의 계급을 전제로 한 것이라는 데
약간 저항감이 생깁니다.

이 말을 유심히 들여다보세요.

그 뜻이 뒤바뀌어 있음을 알 수 있습니다.
고귀한 이가 자각하는 의무가 아닙니다.

자신의 의무를 자각하는 이의 고귀함입니다.

타인을 위해 헌신하는 의무를 깨달은 사람에게는
지극히 고귀하고 아름다운 향기가 풍깁니다.

노블레스 오블리주,
의무를 깨달은 이를 감싸는 고귀한 향기.

언젠가 이 말이
제 뜻을 되찾는 시대가 오면
의무라는 단어도
'사명'으로 바뀌겠지요.

노블레스 오블리주가 들려주는 여운을 느끼며
잠시 행복감에 젖어듭니다.

작은 움직임을 일으키는 용기

열역학의 시인으로 불리는
노벨화학상 수상자 일리야 프리고진Ilya Prigogine의
유명한 말이 있습니다.

"시스템 안의 자그마한 움직임,
즉 미시적인 요동이
그 시스템 전체에 큰 변동을 초래한다.

이 미시적인 요동은 비단 과학에서뿐만 아니라
기업이나 시장 그리고 사회 등의 시스템에도
지배적인 영향력을 미치고 있다."

미래학자 앨빈 토플러Alvin Toffler는
《탈근대 시대의 전쟁과 평화War and Peace in the Post-Modern Age》에서 이렇게 말했습니다.

"세계는 프리고진적 성격을 띠고 있다."

어느 한곳에서 일어나는 작은 분쟁이
전 세계를 요동케 하는
무서운 전쟁으로 확대될 가능성에 대해
경종을 울린 것입니다.

지금의 세계정세와 토플러의 경종을 떠올려보면
'작은 움직임'이란 말에 다소 불안해집니다.

그러나 거기에도 희망은 있습니다.

우리가 살아가는 이 세상이
실로 자그마한 움직임으로도
거대한 변화를 도모할 수 있다는 게 사실이라면

**사원 한 사람이 기업을 혁신하고
기업가 한 사람이 시장을 발전시키며
사회운동가 한 사람이 사회를 변혁할 수 있습니다.**

또한 그렇다면
우리 자신도 그 '작은 움직임'이 되려는
용기를 낼 수 있지 않을까요?

기억과 기록

오래전 미국인 친구를 찾아갔습니다.

저녁 무렵 친구와 나는
애리조나 사막의 지평선 아래로
잦아드는 일몰을 감상했습니다.
그야말로 장관이었지요.

너무도 아름답고 황홀한 그 풍경을 찍기 위해
카메라를 꺼내려는데
친구가 내 손을 잡으며 말했습니다.

"오늘 저 풍경은 사진에 담지 말고
자네 마음속에 간직하게나."

지금도 멋진 풍경을 만나면
그 친구의 말이 떠오릅니다.

사람들은 흔히들 아름다운 풍경을 목격했을 때

이를 카메라나 비디오로 찍기에 여념이 없습니다.

저 역시도 그 풍경들을 정신없이 기록하고 나서야
비로소 깨닫습니다.

'아차,
마음으로 음미하고
마음 깊이 기억해 둬야 한다는 걸
또 깜박했구나!'

물질의 기록보다는
마음의 기억이 더 오래가는 법이지요.
오래도록 감회에 젖을 수 있도록 말입니다.

어느 종군 사진작가의 마음

여기 '렌즈의 눈을 가진 철학자'로 불리는
사진작가가 있습니다.

지금 이 순간에도 어딘가에서 벌어지는 전쟁,
그 잔인한 땅에 몸을 던져
극한 상황에 놓인 사람들의 모습을 사진에 담아
전 세계에 전쟁의 비극을 폭로하는 종군 사진작가
제임스 낙트웨이James Nachtwey.

그에 관한 영화 〈전쟁사진작가War Photographer〉에서
그는 이렇게 말합니다.

"다른 누군가의 비극을 사진에 담고
그것으로 밥벌이를 하고 있는 것처럼 느낄 때가
가장 괴롭다.

이런 생각이 언제나 나를 짓누른다.

다른 사람들에 대한 배려보다
개인적인 야심을 우선으로 여긴다면
결국 나는 다른 이들의 영혼을 팔아넘기는
잔인무도한 냉혈한에 불과하다.

다른 사람을 위하고 소중히 여길 때
그들의 마음에 자리할 수 있다.

이런 생각으로 마음을 다잡을 때야 비로소
나는 나 자신을 용납할 수 있다."

낙트웨이의 자성적인 고백을 들으며
저의 마음속에 있는
은밀한 야심과 지독한 에고이즘을 발견했습니다.

그리고
낙트웨이의 신념이 얼마나 진지하고 강인한 것인가를
알게 되었습니다.

기적의 한순간

어떤 영화의 마지막 장면에서
예순다섯 살에 인생의 마지막을 맞은 주인공이
가족과 친구들을 앞에 두고 울부짖습니다.

"내 인생을 되돌아보니
65년이란 세월은 불과 한순간에 지나지 않았다."

덧없는 인생에 대한 이 처절한 감회는
영화를 비롯해 많은 예술 분야에서도 다루고 있으며
수많은 사람의 입에 오르내리는 주제이기도 합니다.

사람의 한평생이란 것이 길어야 100년.
지구의 나이는 46억 년.
우주의 나이는 무려 137억 년.

그 까마득한 시간에 비하면
사람의 인생이란 말 그대로
한순간,

찰나에 불과합니다.

그러나

이 무한한 우주의 한 행성,
이 드넓은 지구의 한 귀퉁이에서

사람과 사람이 만난다는 것은
'한순간'과 '한순간'이 연을 맺는

기적입니다.

그제야 나는 무릎을 탁 내리쳤습니다.
'깊은 인연'이란 말의 참된 뜻을 알았기 때문이지요.

진짜 상품

젊은 시절, 함께 일했던 상사와의 이야기입니다.

한 업체가 상사에게 리서치 수주를 부탁해,
그곳 부장과 담당자를 만났습니다.

그런데 미팅이 시작되었는데도 상사는
그곳 부장과 너스레만 떨 뿐
업무에 관해 이야기할 기미를 보이지 않았습니다.
서로의 이야기에 맞장구를 치며 이야기꽃만 피웠지요.

그런 그들 옆에서
젊은 담당자는 입을 굳게 다문 채 자리를 지켰습니다.
그에게서는 왠지 모를 신뢰감이 느껴졌습니다.
예리하고 진중해 보였습니다.

결국 상사는 잡담만 늘어놓다가 미팅을 끝냈습니다.

그들이 돌아간 뒤에 상사가 말했습니다.

"저 회사에 리서치 업무를 맡길까 하는데."

뜻밖의 말에 당혹감을 감추지 못한 내가 물었습니다.
"미팅 중에는 업무 관련 얘긴 전혀 안 나왔는데요.
그 회사가 어느 정도 실력을 갖췄는지 잘 모르잖습니까."

그러자 상사가 명쾌하게 말했습니다.
"그 점이라면 걱정 말게
함께 왔던 젊은 담당자 말이야.
아주 느낌이 좋았거든."

그제야 나는 중요한 사실을 깨달았습니다.

모든 것은 '사람'을 통해 판단되고 성사됩니다.

능숙하게 넘어지기

학생 때 스키를 배우러 다닌 적이 있습니다.

코치에게 지도받으며 급경사를 내려오는 훈련을 받는데
나는 연신 넘어지고 고꾸라지기만 할 뿐이었습니다.
아무리 애를 써도 개선의 여지가 없는 듯 보였습니다.

결국에는 이렇게 자책하고야 말았지요.
"난 스키엔 영 소질이 없나 봐요."
코치 역시 난처한 기색을 보이더군요.

그때 베테랑 코치가 다가와 말했습니다.

"괜찮아, 괜찮아. 아까부터 지켜봤는데
학생은 넘어지는 요령을 잘 알고 있더군.
그럼 된 거야. 분명히 잘 타게 될 거라고."

그런 말을 들으니
왠지 정말 잘 탈 수 있을 것 같은 기분이 들었습니다.

그래서 더 열심히 연습했고
결국 스키 선수 뺨치는 실력을 갖추었습니다.

그때 제가 큰 힘과 용기를 얻었던 것은
개선의 여지가 전혀 없어 보이던 저에게
넘어지는 요령을 잘 알고 있다는
칭찬 아닌 칭찬까지 하며
잘 탈 거라고 믿어준 사람이 있었기 때문입니다.

가능성을 믿어주는 것.

이는 우리가 타인에게 줄 수 있는
최고의 선물입니다.

정원 모퉁이의 돌처럼

에도 시대의 위인이자 다도茶道의 명인이었던
구와야마 사콘桑山左近의 흥미로운 일화가 있습니다.

그의 집을 방문한 손님이
정원을 지나다가 말했습니다.

"저 정원석은 정말 훌륭하군요."

그런데 구와야마는 별로 기뻐하지 않았습니다.
오히려 손님이 돌아가자마자
그 정원석을 다른 곳으로 옮겨버렸지요.

그 이유를 묻자 이런 대답을 들려주었습니다.

"본래 정원석이란
결코 눈에 띄지 않으면서도
그곳을 지나는 이로 하여금
마음을 차분하게 해주고

깨끗이 정화시켜는 것이어야 합니다."

우리 주위에도 정원석과 같은 사람들이 있습니다.

묵묵히 자신의 역할을 다하며
다른 이들에게 마음을 살피게 하는
정원 한 모퉁이의 이름 모를 돌과 같은 사람.

혹시 당신은 그런 사람입니까?

어울림의 의미

〈데드 맨 워킹 Dead Man Walking〉으로
아카데미 감독상 후보에 오르고
〈미스틱 리버 Mystic River〉로
아카데미 남우조연상을 수상한
팀 로빈스 Tim Robbins.

영화감독이자 배우인 그가 한 인터뷰에서
이런 질문을 받았습니다.
"다른 배우나 스텝들과
'잘 어울린다' 혹은 '호흡이 잘 맞는다'는 뜻은 뭘까요?"

팀 로빈스는 특별한 대답을 들려줍니다.

**"함께 일하는 사람들과 잘 어울린다는 건
그들에 대해 '관용의 마음'을 갖는다는 뜻입니다."**

이 말을 가만히 음미해 보면
우리가 다른 사람에 대해

함부로 생각하고 내뱉은 말들이
자신의 성장을 얼마나 가로막고 있는지를
알게 됩니다.

잘 맞지 않는다?
잘 어울릴 수가 없다?

우리가 이렇게 느끼는 이유는
결국 타인에 대한
관용의 마음이 없기 때문입니다.

혹시 그에게서 당신의 모습을 본 것은 아닙니까?
생각하기도 싫은 자신의 결점을 발견했기 때문에
그와 맞지 않고 어울릴 수가 없다고
단정 짓는 것은 아닙니까?
그렇다면 타인에게 당신 역시 그런 사람입니다.

진정한 대화

창작오페라 〈유즈루夕鶴〉를 무려 천 번이나 무대에 올린
야마모토 야스에山本安英가 이런 말을 했습니다.

"상대 연기자의 대사가 갖는 내적인 뜻을
정확히 파악하면
자신이 할 대사는 저절로 흘러나옵니다.

무대에 섰을 때
상대 연기자의 연기가 좋아야지만
자신도 성공적인 연기를 펼칠 수가 있습니다.

'오늘 무대는 그 나름대로 좋았어'라고
스스로 후한 평가를 내리는 사람치고
정말 잘하는 이들을 본 적이 없습니다."

이 말은 늘 대화를 하는 우리에게 시사하는 바가 큽니다.

당신은 대화를 나눌 때 상대방의 이야기에

열심히 귀를 기울입니까?

혹시 자신의 이야기에만 집중하고 있는 것은 아닌지
생각해 보십시오.

상대방의 이야기에 귀를 기울일 때
진정한 대화가 이뤄집니다.

불행한 만남

젊은 시절에 정치에 뜻을 두고 국회의원이 되었으나
그 실체에 실망하고 좌절하여 끝내 스스로 목숨을 끊은
한 청년이 있었습니다.
여기 그 청년이 맨 처음 선거에 출마했을 때
남긴 시 한 편을 소개할까 합니다.

"오늘 아침, 역 앞 거리에서
출마의 변이 담긴 전단지를 건네는 내 손을 뿌리치고
눈길 한 번 주지 않은 채
스쳐 가버린 그대들이여,

오늘 우리의 만남은
불행한 만남이었을지도 모른다.

하지만
그럼에도 불구하고 나는
오늘 당신을 만날 수 있어 행복했노라.

만나지 못한 것보다는
만날 수 있어 행복했노라."

지구촌에는 수십억의 사람이 살고 있습니다.
그들 중 우리가 평생에 한 번 만날 수 있는 사람은
불과 한 줌도 되지 않습니다.

좋은 만남만이
만남은 아닙니다.

만남과 만남,
그 하나하나가 소중한 의미를 담고 있습니다.

해답 없는 물음

하늘 가득 별빛이 반짝이는 밤에 바닷가에서
아버지와 어린 아들이 이야기를 나누고 있었습니다.

별이 수놓인 하늘을 올려다보며
아들이 물었습니다.

"우주는 어떻게 생겨났어요?"

아버지가 대답했습니다.

"이토록 무수한 별이 빛나는 우주는
진공에서 생겨났단다. 아무것도 없는 공간에서 말이지.

아주 오랜 옛날에는 이 우주가 존재하지 않았어.
오직 진공만 있었을 뿐이지.
그러던 어느 날, 그러니까 137억 년 전에
진공에서 작은 요동이 일어나는가 싶더니
한순간에 거대한 폭발이 일어나면서

이 우주가 만들어진 거란다.

이게 현대 과학이 밝혀낸
우주 탄생에 관한 이야기지."

아들은 아득히 먼 곳에서 빛나는 별들을 바라보다가
다시 또 물었습니다.

"그런데 왜 그 진공이란 건
그대로 계속 진공일 수 없었던 거예요?"

아버지는 아무 말도 할 수가 없었습니다.
해답을 몰랐기 때문이 아닙니다.
그것은 해답이 없는 물음이었습니다.

오류와 직관

승부 세계에서 종종 회자되는
격언이 있습니다.

**"직관은 오류를 범하지 않는다.
오히려 잘못된 판단이 있을 뿐이다."**

숙련된 사람들은 처절한 경험을 통해
이 격언이 진실임을 알고 있습니다.

종잡을 수 없는 난해한 의사 결정을 두고
맨 처음 순간적으로 퍼뜩 떠오르는 생각이 있습니다.

"안 된다"는 의견이었습니다.
이리저리 정보를 수집하고 분석하던 사람들이
전혀 반대의 의견을 내놓았습니다.
결국 반대 의견으로 결정돼 일이 진행되었습니다.
그리고 결국 실패하고 말았습니다.

역시,

잘못된 판단이 있을 뿐

직관은 오류를 범하지 않습니다.

이 진실은 능수능란한 프로들이 결정을 내릴 때

은밀히 사용되는 지침입니다.

고요하고 맑은 마음

1994년 장기 용왕전 제6국,
하부 요시하루 羽生善治 기사와
사토 야스미쓰 佐藤康光 기사의
대국에서 있었던 일입니다.

대국 시작을 알리는 종이 울렸는데도
먼저 수를 둬야 할 하부 기사가
그저 눈을 지그시 감고 골똘히 생각에 잠긴 채
꼼짝도 하지 않았습니다.

그렇게 몇 분이 흘렀습니다.

관전하던 사람들이 웅성거리는가 싶더니
드디어 하부 기사가 눈을 뜨고
첫 수를 두었습니다.

그 후에 하부 기사는
시인인 요시마스 고조 吉增剛造와의 대담에서

"그날 혼란스러웠던 겁니까?"라는 질문을 받았습니다.

"아니요, 그런 게 아니라
고요하고 맑은 마음이 찾아오기를 기다렸습니다."

중요한 승부를 겨룰 때
혹은 중요한 결단을 내려야 할 때
직관이 필요합니다.

그런데 날카로운 직관을 발휘하려면
고요하고 맑은 마음을 갖춰야 합니다.

극한 상황에서 결정을 내려야 할 때
무엇보다 중요한 것은
기술이 아니라 마음의 상태입니다.

풍경의 여운

오래전에 미국의 서해안에 있는
자그마한 마을을 찾았을 때의 일입니다.

그곳은
나란히 늘어선 아름다운 집들과 더불어
수평선 너머 일몰의 장관으로 유명한
마을이었습니다.

저녁 무렵 마을의 바닷가에 나가
멀리 수평선이 내려다보이는 바위에 걸터앉아
해가 지기만을 기다렸습니다.

드디어 태양이
드넓은 바다를 붉게 물들였습니다.
그리고 차츰차츰 바다 너머로 사라졌습니다.

그 풍경의 아련한 여운을 가슴에 묻고 일어서려는데
많은 사람이 고요하게 숨을 죽인 채

일몰을 감상하는 모습이 눈에 들어왔습니다.

노부부, 연인, 가족, 친구,
이런저런 인연을 나눈 사람들이
모여 있었습니다.
그 누구도 말이 없었습니다.

그들을 바라보며

"여운에 몸을 맡기라"

이 말이 새삼 와 닿았습니다.

부동심

몇 년 전에 부동심不動心에 관한
흥미로운 실험이 있었습니다.

좌선을 시작한 지 얼마 되지 않은 젊은이와
오랫동안 수행을 해왔던 선사
이 두 사람의 뇌파를 측정하는 실험이었습니다.

우선 두 사람이
좌선으로 명상에 들도록 했습니다.

그런 다음 각각의 뇌파를 측정해 보니
모두 고른 알파파를 나타났습니다.

이어 갑자기 큰 소리를 내어
두 사람을 깜짝 놀라게 했습니다.
그랬더니 그들의 뇌파는 모두
어지럽고 격한 상태를 보였습니다.

실험 결과만 놓고 본다면
오랫동안 수행을 거듭해 온 선사도
부동심을 갖춘 것은 결코 아니었습니다.

그런데 실험이 끝난 뒤
두 사람의 뇌파를 살펴보니
차이가 현격하게 드러났습니다.

젊은이의 뇌파는 여전히
혼란스러운 상태를 보였습니다.

선사의 뇌파는 서서히
알파파 상태로 회복되었습니다.

그렇습니다.

부동심이란
결코 흐트러지지 않는 마음이 아닙니다.

'어지러운 상태에 줄곧 머물지 않고
이내 평온한 상태로 회복하는 마음'입니다.

푸르른 하늘을

대학 시절에 많은 가르침을 주셨던
한 은사님의 퇴임식 날이었습니다.

오랜 세월 연구와 교육에 매진하신 은사님께서는
이 말씀으로 마지막 인사를 대신하셨습니다.

"동료들의 환송을 받으며
오랫동안 몸담아 온 정든 연구실을 뒤로 하고 떠납니다.

캠퍼스를 따라 걷다가 문득 고개를 들어보니
참으로 푸르고 아름다운 하늘이 펼쳐져 있더군요.

어언 30년, 내 청춘의 전부를
연구와 교육에 쏟아부으며 살아오는 동안
하늘을 제대로 올려다본 적이 없었습니다.
무려 30년 동안 말입니다.

그러나 결코 아쉬움은 없습니다.

제가 해야 할 일에 혼신을 다했기 때문이지요.
그래서 오늘 올려다본 하늘이
더욱 푸르게 보였는지도 모르겠습니다.

이토록 푸른 하늘을
이제 원 없이 올려다볼 수 있다고 생각하니
무척 행복합니다."

문득 이런 생각을 해봅니다.
'언젠가 나도 은사님처럼
푸르디푸른 하늘을 바라볼 수 있겠지?'

___ 생의 마지막

죽음을 앞둔 수많은 사람을
간병하면서 경험하고 느낀 것을 기록한
《죽음과 죽어감 On Death and Dying》이란 책을 통해
호스피스 운동에 지대한 영향을 끼친 정신과 의사
엘리자베스 퀴블러 로스 Elizabeth Kubler-Ross.

그녀는 2004년 8월 24일,
일흔여덟 살을 일기로 세상을 떠났습니다.

은퇴 후 뇌졸중으로 쓰러진 엘리자베스 퀴블러 로스는
9년이라는 마지막 생애 내내
병상에 누운 채 불편한 몸으로 지내야 했습니다.

TV 다큐멘터리가 전하는
그녀의 인생 말년의 모습은
뜻밖에도 자신의 병과 처지를 한탄하고
도저히 사랑할 수 없는 자신을 미워하는 등
주체할 수 없는 감정의 기복에 휘둘리는

평범한 사람의 모습, 바로 그것이었습니다.

그녀에게서 성인聖人의 모습을 봐왔던 사람들의 기대를
처절히 저버린 슬픈 모습이었습니다.

그러나
그녀가 저서에서 말한 것처럼
죽음을 앞둔 사람들이라면 누구나 거치게 되는
부인, 분노, 타협, 우울, 수용이라는 다섯 단계를
그녀 또한 있는 그대로 걷고 있다는 사실에 대해
되레 우리는
이상하다 싶을 만큼 안도감을 느낍니다.

그리고
자신의 '죽음'을 사실 그대로 '받아들인다'는 뜻인
'수용'이란 말의
참된 의미에 눈을 뜹니다.

자신의 '나약함'과 '한계'를 그대로 받아들이는 것.

그녀가 마지막으로 남긴 말이
그녀의 마지막 모습의 의미를 분명히 해줍니다.

"저는 지금 나 자신을 사랑하는 법을
배우고 있습니다."

희망의 의미

몇 년 전에 제인 구달Jane Goodall 박사의
초청 강연회에 참석했습니다.
그녀는 세계적인 침팬지 연구가이자
UN의 '평화의 사자'이지요.

예순여덟 살이란 나이가 무색할 정도로
그녀는 젊고 활기에 넘쳤습니다.
그러면서도 연륜에 걸맞은 차분한 어조로
인류의 '희망'에 대해 역설했습니다.

그녀는 지구촌을 위협하는 환경 파괴와 전쟁의 참상
그리고 미국의 9·11테러를 목격했음에도 불구하고
우리 인류가 미래에 대한 희망을
여전히 간직해야 하는 이유를
깊이 있고 신념에 가득 찬 목소리로 피력했습니다.

그녀의 저서인 《희망의 이유 Reason for Hope》란
제목이 말하듯 말입니다.

이야기의 여운을 뒤로 하고 홀로 집으로 돌아오는 길에
불현듯 이런 생각이 들었습니다.
'희망이란 무엇일까?'

지금 이 세상에는 슬픔과 고통이 난무합니다.
그러나 언젠가는 이 땅에
행복과 아름다움이 찾아올 것을 믿습니다.

행복과 아름다움이 가득한 미래를 믿는 것,
그것을 우리는 희망이라고 부릅니다.

그런데 희망이란 말의 참뜻은
이것이 아닐까요?

'이 세상에 있는 모든 것이
다 행복이고 아름다움이다.'

지금 온 세계를 뒤덮고 있는 슬픔과 고통

그것들까지 보듬어 안은 모든 것이
이 땅에 행복과 아름다움을 잉태한다.
이런 의미가 아닐까요?

그 '의미'를 확신하는 것이야말로
참된 희망이라 부를 수 있을 것 같습니다.

사흘만 볼 수 있다면

볼 수 없고 들을 수 없으며
말까지 할 수 없는 장애를 극복하고
사회복지 사업에 온 생애를 바친 헬렌 켈러Helen Keller.

그녀는 자신의 수필집
《사흘만 볼 수 있다면 Three days to see》에서
만약 사흘이라는 시간 동안 시력을 되찾을 수 있다면
그 눈을 어떻게 사용하고 싶은지 이야기했습니다.

그리고 수필 마지막 페이지를
이런 말로 끝맺습니다.

"어쩌면 내일은
앞을 볼 수 없게 될지도 모른다는 마음으로
여러분의 눈을 소중히 사용하세요."

헬렌 켈러의 이 말은
가정이 아니라 분명한 진실입니다.

우리도 언젠가는
이 세상을 볼 수 없게 될 테니까요.

설령 그것이 바로 내일이 아니라
몇십 년이 지난 뒤에 닥칠 일이라고 할지라도.

우리네 인생도 어느 날엔가는
더 이상 세상의 빛을 바로 볼 수가 없게 됩니다.

그렇다면 우리는
이 '영원 속의 한순간'이란 시간 속에서
무엇을 보며
살아가야 할까요?

그리고
마음속으로 무엇을 새기며
걸어가야 할까요?

에필로그

머나먼 저편에서의 목소리

언젠가는 이 여행도
끝이 나겠지요.

우리가 이 길고 긴 여정의 끝에 다다랐을 즈음
신비로운 한 사람이 다가와 조용히 물을 것입니다.

"선하고 행복한 인생이었는가?"

이 물음에
당신은 무어라 답하시렵니까?

"네, 그럼요. 정말 최고의 인생이었어요."

언제가 되었든 이렇게 대답하며
여행을 마치고 싶습니다.

당신의 마음 깊은 곳에
이런 소망을 품은 또 하나의 당신이 있습니다.

**마음속에서 그의 목소리가 들려올 때
다시 한번 용기를 내어
먼 곳을 바라보며 걸어가십시오.**

흔들리지 않고 자신의 길을 걸어가는 것.

그런 삶을 찾아, 이제 당신의 첫걸음을 내딛으십시오.

그 순간,
당신의 귓가에는
머나먼 저편에서의 목소리가 들려올 것입니다.

"과거는 없으며,
미래도 없으리."

존재하는 것은
오직 영원히 이어지는 지금 이 순간뿐입니다.

지금을 살아가십시오.
이 순간을 누리십시오.

글로벌 브릿지
────────────

글로벌브릿지출판사는 세계적 흐름을 앞서가는 경제경영, 자기계발 도서를 출간하는 출판사입니다.
세월이 흘러도 변하지 않는 주제와, 시대의 흐름을 앞서가는 도서를 출간하여
독자 여러분의 곁에서 함께 걸어가겠습니다.